Mittlerer Schwarzwald

Impressum

Erschienen im:
Ralph von Bordelius Verlag
Bahnhofstr. 14 / 75378 Bad Liebenzell
info@bordelius-verlag.de / www.bordelius-verlag.de

ISBN 978-3-943130-16-4 / 1. Auflage 2018

Umschlaggestaltung: Rebecca Weiß / Ralph von Bordelius
Konzept & Layout: Ralph von Bordelius
Texte: Ralph von Bordelius
Druck: GRASPO CZ, a.s. Pod Šternberkem 324, 763 02 Zlín
Printed in Czech Republic

Bildnachweis und Copyright:
Alle Fotografien von Ralph von Bordelius

Für viele meiner Fotografien können Lizenzrechte erworben werden. Ich freue mich auf Ihre Anfrage

Anhand diesen Bildbandes möchte ich Ihnen den Mittleren Schwarzwald vorstellen und hoffe Sie mit meiner Begeisterung für diese Region anstecken zu können. Beginnen möchte ich meine Reise in Sasbachwalden, einem in Weinbergen eingebetteten Ort, der sich von ca. 200 bis auf 800 Höhenmeter den Westhang des Schwarzwaldes hinaufschlängelt. Besonders zu empfehlen ist hier eine Wanderung zu den wildromantischen Gaishöll Wasserfällen.

Weitere abwechslungsreiche Wandermöglichkeiten gibt es bei der Klosterruine Allerheiligen und den Allerheiligen Wasserfällen.

Bei der Ortsdurchfahrt durch Zell am Harmersbach fallen die vielen an der Hauptstraße gelegenen im Stil des Historismus und Jugendstil erbauten Häuser mit ihren auffallenden Giebeln auf. Bereits seit 1794 gibt es die Zeller Keramik Manufaktur, mit dem seit über 100 Jahren bekannten „Hahn und Henne" Motiv. Einen Einblick in die Geschichte der Produktion von teilweise noch heute handbemaltem Keramikgeschirr bekommt der Besucher im angeschlossenen Museum.

In dieser Gegend sollten Sie unbedingt einen Abstecher in das schöne Fachwerkstädtchen Gengenbach im Kinzigtal mit seiner denkmalgeschützten Altstadt und der malerischen Engelgasse machen. Kleine Cafés laden zum Verweilen ein.

Etwas nördlich von Gengenbach liegt Schloss Ortenberg. Der größte Teil von Schloss Ortenberg gehört dem Deutschen Jugendherbergswerk und ist nicht zu besichtigen. Vom Aussichtsturm des Schlosses können Sie eine herrliche Aussicht genießen. Bei Durbach erreichen Sie Schloss Staufenberg mit einer der schönsten Aussichtsterrassen im Schwarzwald. Von hier können Sie traumhafte Sonnenuntergänge beobachten.

Etwas südlich am Rhein bei Kappel-Grafenhausen gelegen befindet sich das weitläufige Naturschutzgebiet „Taubergießen". Die idyllische Auenlandschaft lässt sich besonders gut zu Fuß, bei einer Stocherkahntour oder mit dem Fahrrad entdecken.

Die Römer begannen bereits ab 73 n. Chr. mit dem Straßenbau durch das Kinzigtal, welches sich durch den relativ ebenen Ost-West-Verlauf anbot und gründeten an der Straße eine Siedlung. Somit gilt Rottweil als die älteste Stadt in Baden-Württemberg.

Schon die Römer wussten zu leben. Sie bauten Wein an und errichteten in den Randgebieten des Schwarzwaldes Thermen und Bäder an den heißen Quellen, wie in Baden-Baden und Badenweiler.

Heute ist das Kinzigtal mit seinen vielen Sehenswürdigkeiten, der gelebten Tradition sowie den romantischen Fachwerkorten eine gerne besuchte Gegend im Schwarzwald.

Im Schwarzwald haben viele Regionen eigene Trachten. Die weltbekannte Schwarzwälder Tracht mit dem Bollenhut stammt aus dem Mittleren Schwarzwald und wird nur in Hornberg-Reichenbach, Gutach und Wolfach-Kirnbach getragen. Von der Konfirmation an tragen ledige Frauen einen Hut mit roten Bollen und verheiratete Frauen einen schwarzen Bollenhut. In Haslach im Kinzigtal werden im Schwarzwälder Trachtenmuseum über 100 Schwarzwälder Originaltrachten ausgestellt.

Viele der typischen schwarzwälder Eindachhöfe können Sie auch heute noch in Gutach sehen. In Hornberg erleben Sie die Geschichte des „Hornberger Schießens" und werden mit dem schönsten Blick ins Gutachtal belohnt.

Es war im Jahr 1564, als sich der Herzog von Württemberg in Hornberg ankündigte. Die Freude der Hornberger war groß über diese Ehre und so beschloss man, den Herzog gebührend zu empfangen. Bereits früh morgens war der Wachturm besetzt, um nach dem Herzog Ausschau zu halten. Als der Wächter eine Staubwolke am Horizont erblickte, wurde in das Horn geblasen und Alarm gegeben. Die Schützen an den Kanonen feuerten was das Zeug hielt. Als die Staubwolke verflogen war, entpuppte sie sich zunächst als Postkutsche, dann als Krämerkarren und beim dritten Mal als eine Rinderherde. Nach den drei Fehlalarmen, stellte man mit Entsetzen fest, dass das ganze Pulver verschossen war. Als der Herzog endlich kam, wurde er von den Hornbergern mit „Piff-Paff...Piff-Paff“-Rufen statt den geplanten Salutschüssen empfangen. Den Hornbergern blieb der Spott und den anderen zur Freude das Sprichwort: „...das geht aus wie das Hornberger Schießen“. Diese Redewendung wird auch heute noch gebraucht.

Entdecken Sie auf dem Museumsgelände des „Schwarzwälder Freilichtmuseum Vogtsbauernhof“ in den verschiedenen Schwarzwaldhöfen, Stuben, Mühlen und Sägen, wie in den letzten 400 Jahren im Schwarzwald gelebt, gewohnt und gearbeitet wurde. Der Vogtsbauernhof, ein Schwarzwaldhof wie aus dem Bilderbuch, ist der einzige Hof, der seit 1612 hier steht. Alle anderen Bauernhöfe und Nebengebäude wurden an anderen Orten im Schwarzwald abgebaut und hier im Freilichtmuseum wieder aufgebaut. So entstand dieses besondere Museum. Bei den für diese Region typischen Eindachhöfen leben die Menschen zusammen mit den Tieren unter einem Dach. Der Dachboden ist meist befahrbar und dient als Speicher für Korn, Heu und Stroh.

In Wolfach steht die letzte größere Glashütte im Schwarzwald, in der das Glas noch mundgeblasen wird. In der Dorotheenhütte Wolfach, können Sie den Glasbläsern zusehen oder selbst unter Anleitung eine Vase blasen.

Das „MiMa“ (Mineralien- und Mathematikmuseum) im benachbarten Oberwolfach, zeigt einzigartige Mineralienfunde aus der Region und kunstvolle Einblicke in die Welt der Mathematik.

In Schiltach gibt es verschiedene Museen, sowie einen mittelalterlichen Stadtkern mit schön restaurierten Fachwerkhäusern.

Sehr schöne Wandermöglichkeiten mit tollen Ausblicken finden Sie rund um den idyllisch, auf einem Hochplateau gelegenen, Ort St. Roman.

Im Wasserschloss Glatt können Sie ebenfalls verschiedene Museen ansehen und sich anschließend im herrschaftlichen Schlossambiente mit Kaffee und Kuchen verwöhnen lassen.

Eines der meistbesuchten Ziele im Schwarzwald sind Deutschlands höchste Wasserfälle in Triberg, die in 7 Fallstufen über 160 m in die Tiefe stürzen.

Rund um das nahegelegene Furtwangen finden Sie traumhafte Wandermöglichkeiten mit herrlichen Ausblicken auf einsam gelegene Schwarzwaldhöfe oder kleine Kapellen.

In Donaueschingen entspringt die Donau, der nach der Wolga zweitlängste Fluss Europas mit einer Länge von 2.840 km bis zur Mündung ins Schwarze Meer.

Auch wenn das nur eine kleine Auswahl an Zielen im Mittleren Schwarzwald ist, konnte ich Ihnen hoffentlich Lust auf diese besondere Region machen. Als Ergänzung zu diesem Bildband gibt es noch einen Reiseführer Schwarzwald von mir mit noch mehr Tipps und Empfehlungen für diese Region.

Sasbachwalden

IESVS
MARIA U
IOSEPH
REIN
SOLEN
DISES
HAVSES
BE
SCHITZER
SEIN
JACOB
ERNST
CATHARINA
SCHMIDERIN
17 64
H100

Ald Saschwalle

Klosterruine Allerheiligen

Allerheiligen Wasserfälle

Bad Peterstal-Griesbach

Bistro
Florian

DRUCKEREI
VERLAG ...
Schwarzwälder Post
Heimatzeitung
... seit 1897
RAD-ECKE

Willkommen
Herzlich
Willkommen
im Luftkurort
Seelbach-

Rialto

Schloss Ortenberg

HOTEL

TACTLINSE

WINZERGENOSSENSCHAFT

Haslach im Kinzigtal

Wolfach

Film Foto

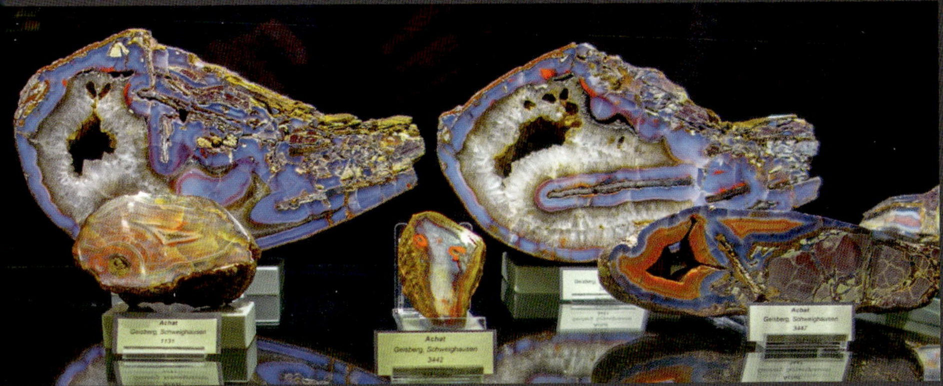
Achat
Geisberg, Schweighausen
1131
Achat
Geisberg, Schweighausen
3442
Achat
Geisberg, Schweighausen
3447

Baryt
Clara, Oberwolfach
1319

Azurit mit Malachit
Clara, Oberwolfach

Ruine Schenkenburg

MUSEUM
AM
MARKT

Ritter Keller

Wanderweg bei Schiltach

Schwarzwaldhof bei St. Roman

DOBLER

Oberndorf am Neckar

M. Gross
CECIL

Key Largo

Rottweil

Schwarzwaldverein
Gedächtnishaus Fohrenbühl

Weide im Schwarzwald

Albert-Schweitzer-Haus in Königsfeld

Schinkenstrasse
Schwarzwälder Spezialitäten
Adler

Zur Lilie
Cafe Restaurant
P
Biker
Cafe
RESTAURANT - CAFE

House of Black Forest Clocks

Triberg

Bauernhof im Schwarzwald

Schwarzwaldhöfe bei Furtwangen

Bühlhof in Schönwald im Schwarzwald

Hexenlochmühle

Sulzbach im Schwarzwald

Martinskapelle bei Furtwangen

Piuskapelle bei Furtwangen

ALTES RATHAUS
MUSEUM

Café Raben

Wirtschaft
Gasthaus Löwen

3 BRILLEN

Donauquelle in Donaueschingen

Reisen, fotografieren und Neues entdecken - das ist meine Leidenschaft, der ich voller Begeisterung nachgehe. Meine schönsten Ziele und Sehenswürdigkeiten, die ich in Deutschland entdeckt habe, sind in meiner Buchreihe „Reiselust & Heimatliebe“ zusammengefasst.

Jeder Fotograf hat seine eigene Blickrichtung eine Region darzustellen und zu interpretieren. Mit diesem Bildband möchte ich Ihnen meine Eindrücke vom abwechslungsreichen Mittleren Schwarzwald zeigen und hoffe auch Sie für diese faszinierende Gegend mit den wunderschönen Wandermöglichkeiten und typischen Schwarzwälder Eindachhöfen begeistern zu können.

Bestimmt haben Sie das eine oder andere Ziel wiedererkannt und konnten auch einige neue Impulse für Ihre nächste Tour in diese Region bekommen. Haben Sie Anregungen, Lob oder Kritik, dann schreiben Sie mir. Meine Kontaktdaten finden Sie am Anfang des Buches. Ich freue mich auf Ihr Feedback!

Ihr Ralph von Bordelius

Bildbände Reiselust & Heimatliebe

Nördlicher Schwarzwald
Reiselust & Heimatliebe

Ralph von Bordelius

ISBN 978-3-943130-15-7

Mittlerer Schwarzwald
Reiselust & Heimatliebe

Ralph von Bordelius

ISBN 978-3-943130-16-4

Südlicher Schwarzwald
Reiselust & Heimatliebe

Ralph von Bordelius

ISBN 978-3-943130-17-1

Schwarzwald
Reiselust & Heimatliebe

Ralph von Bordelius

ISBN 978-3-943130-18-8

Bildbände Impressionen (mehrsprachig)

ISBN 978-3-943130-20-1

ISBN 978-3-943130-19-5

ISBN 978-3-943130-08-9 *

ISBN 978-3-943130-22-5 **

ISBN 978-3-943130-21-8 **

ISBN 978-3-943130-23-2 **

* Abbildung ähnlich / ** Lieferbar ab November 2018